GLOSSARIO sulle ONOMATOPEE

GLOSSARIO SULLE ONOMATOPEE
Volume 1

Glossario sulle Onomatopee è un progetto
realizzato da Antonio Pirrotta

Scuola di grafica d'arte- scuola di fumetto e illustrazione-
3°anno- corso di illustrazione scientifica- a.a. 2019/2020

Glossario
sulle
Onomatopee
W: espressione di meraviglia, in senso positivo
YAAH: espressione di gioia
YACHT: ridere ma anche sogghignare
Glossario sulle Onomatopee
BOTTI ED ESPLOSIONI
B
BANG: un'arma che spara
BOOM o BAM: uno scoppio o un'esplosione o un forte scontro
BUM: lo sparo di una pistola
C
CRABOOM: una forte esplosione
F
FRABOOM: forte esplosione
P
PAK: indica uno scoppio, un botto
PIII BOM: un petardo che scoppia
S
SBRANG: lo sparo di un cannone
STONK: indica una randellata
STUMP: indica una pedata, una botta, uno scontro
T
TUMBH: indica uno scoppio, un botto
TUMP: rumore sordo di uno che cade per terra
W
WOOSH: il rumore di una aspirapolvere o il lancio di un missile

INDICE

Introduzione al glossario **10**

Che cos'è l'Onomatopea **18**

Suddivisione dell'Onomatopea **25**

Glossario: . . . .

Esclamazioni di un personaggio **31**

Suoni prodotti dal corpo **35**

Botti ed Esplosioni **38**

Suoni nell'ambiente circostante . . . **40**

 *Mini-Sketch* **45**

 *Suoni sul combattimento* **46**

 *Suoni prodotti dalle vetture* **48**

 *Mini-Sketch* **50**

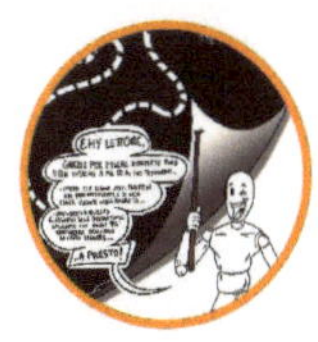 *Conclusione* **53**

INTROD

UZIONE

Caro lettore,
nelle pagine a seguire vedrai come inizia il viaggio di me e il
mio manichino Menny nella stravangante avventura sulle
onomatopee...

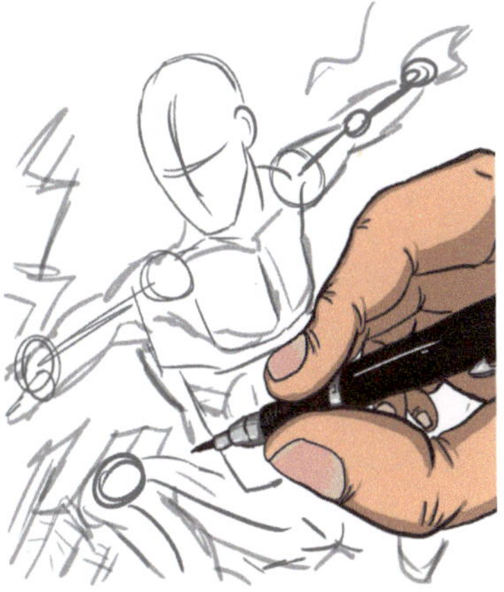

I SURVIVED
EAHFFFF...

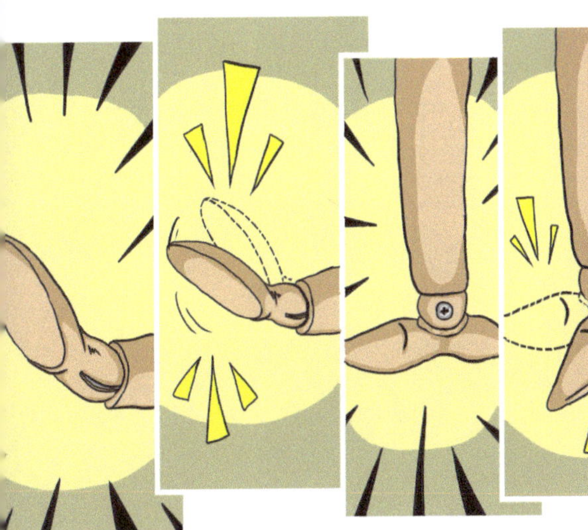

EHMMMMM...

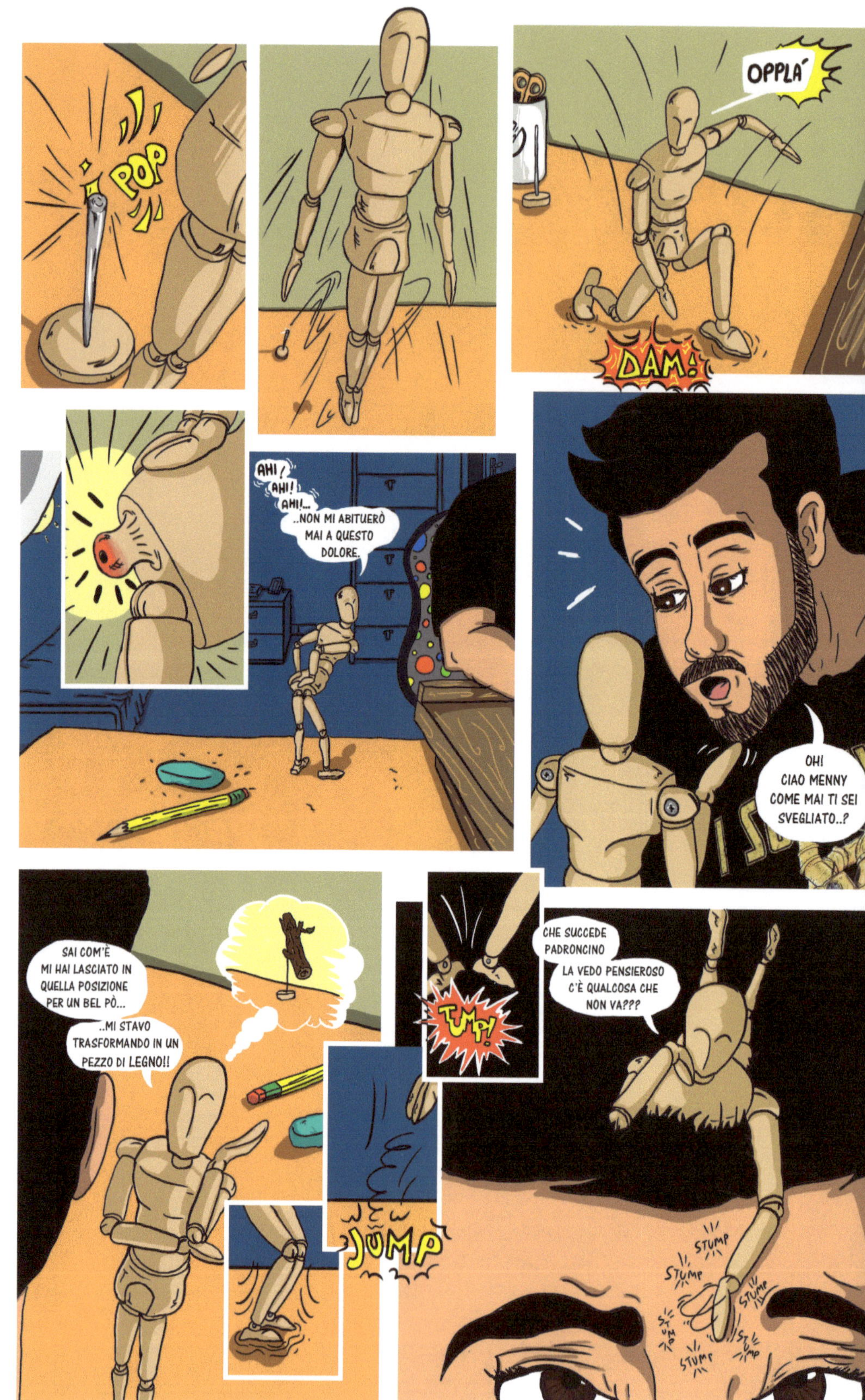

POP
OPPLA'
DAM!
AHI! AHI! AHI!...
..NON MI ABITUERÒ MAI A QUESTO DOLORE.
OH! CIAO MENNY COME MAI TI SEI SVEGLIATO..?
SAI COM'È MI HAI LASCIATO IN QUELLA POSIZIONE PER UN BEL PÒ...
..MI STAVO TRASFORMANDO IN UN PEZZO DI LEGNO!!
TUMP!
JUMP
CHE SUCCEDE PADRONCINO LA VEDO PENSIEROSO C'È QUALCOSA CHE NON VA???
STUMP
STUMP
STUMP
STUMP
STUMP
STUMP
STUMP

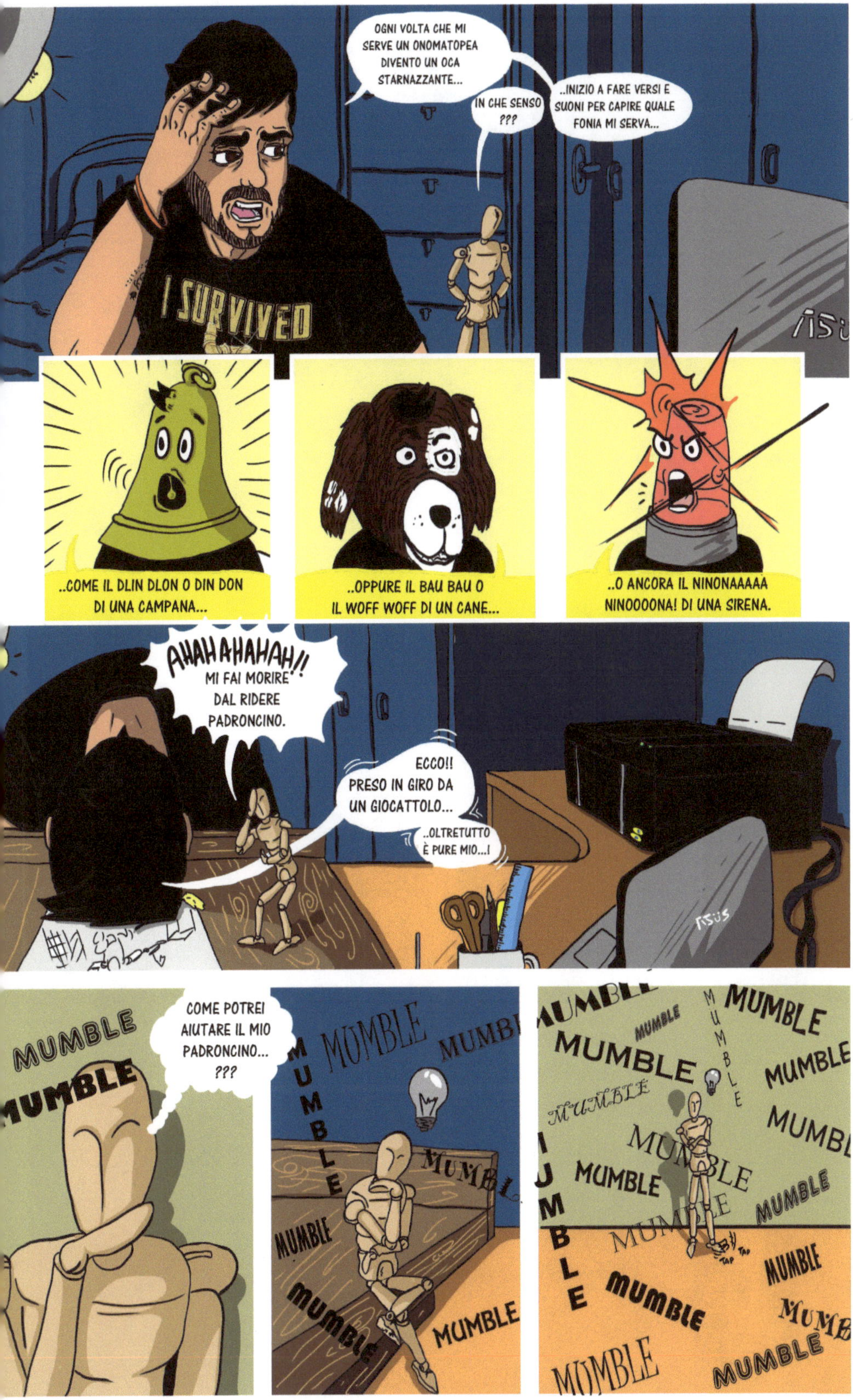

OGNI VOLTA CHE MI SERVE UN ONOMATOPEA DIVENTO UN OCA STARNAZZANTE...
IN CHE SENSO ???
..INIZIO A FARE VERSI E SUONI PER CAPIRE QUALE FONIA MI SERVA...
..COME IL DLIN DLON O DIN DON DI UNA CAMPANA...
..OPPURE IL BAU BAU O IL WOFF WOFF DI UN CANE...
..O ANCORA IL NINONAAAAA NINOOOONA! DI UNA SIRENA.
AHAH AHAHAH!! MI FAI MORIRE DAL RIDERE PADRONCINO.
ECCO!! PRESO IN GIRO DA UN GIOCATTOLO...
..OLTRETUTTO È PURE MIO...!

MUMBLE
MUMBLE
COME POTREI AIUTARE IL MIO PADRONCINO... ???

MUMBLE
MUMBLE
MUMBLE
MUMBLE
MUMBLE

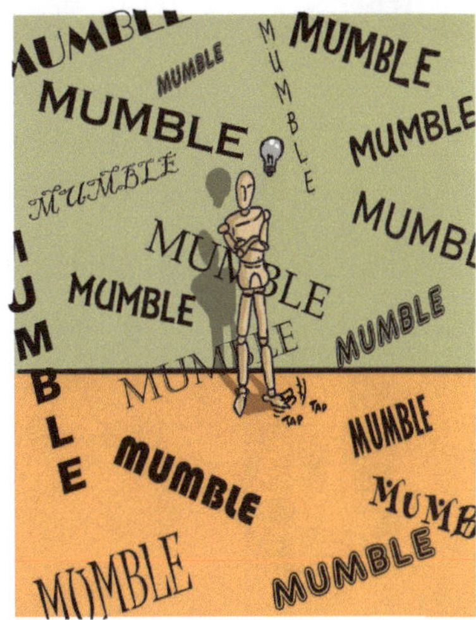

MUMBLE
MUMBLE
MUMBLE
MUMBLE
MUMBLE
MUMBLE
MUMBLE
MUMBLE
MUMBLE
MUMBLE
MUMBLE
MUMBLE
MUMBLE
MUMBLE
TAP TAP

E SE FACESSIMO UN FUMETTO PER IL FUMETTO PER SPIEGARE ED ELENCARE LE ONOMATOPEE...
ECCOLA!
OOOOOOH!
.. DOPO UNA BELLA RICERCA APPROFONDITA SUL MOTORE DI RICERCA...
..SCUSATE IL GIOCO DI PAROLE...
..RILEGGEREMO I VARI FUMETTI PER FARCI UN'IDEA SULLE ONOMATOPEE PIÙ CONOSCIUTE...
..DOPO AVER DATO UNA SPIEGAZIONE OGGETTIVA SULLE ONOMATOPEE...
..REALIZZEREMO UN MANUALE PER TUTTE LE ONOMATOPEE CHE TROVEREMO CLASSIFICANDOLE IN VARIE CATEGORIE...
ESCLAMAZIONI DEI PERSONAGGI.
SUONI PRODOTTI DAL CORPO.
BOTTI ED ESPLOSIONI.
SUONI NELL'AMBIENTE CIRCOSTANTE.
SUONI PER IL COMBATTIMENTO.
SUONI PRE LE VETTURE.
YEAH!!
..CERCANDO DI NON ANNOIARVI CON NOSTRI SKETCH...
..UTILIZZANDO UN TESTO SEMPLICE E DIVERTENTE PER LA LETTURA.

MUMBLE
MUMBLE
MUMBLE
..E TU MI DARAI UNA MANO!!
EH?
STUMP
OH!
DIVENTEREMO IN 2D!
MENNY! CIÒ CHE DICI... LO SOTTOLINEO È IMPOSSIBILE!!
CLAPS
CLAPS
MA COSA STAI DICENDO!? NON RIESCO PIÙ A SEGUIRTI...
NE SIETE SICURO PADRONCINO !!?
PADRONCINO...

..LO...
..RICONOSCETE!?

IL GUANTO DELL'INFINIT??!

I SURVIVED
THE SNAP
MENNY!!? MA CHE È SUCCESSO ALLA MIA MAGLIETTA!!
?

CRAASHH
E ORA DI ANDARE MIO CARO PADRONCINO...

NON VADO DA NESSUNA PARTE... SE NON RIMETTI A POSTO LA MIA MAGLIETTA!
I SURVIVED
THE SNAP
TSK!

SI PARTE!

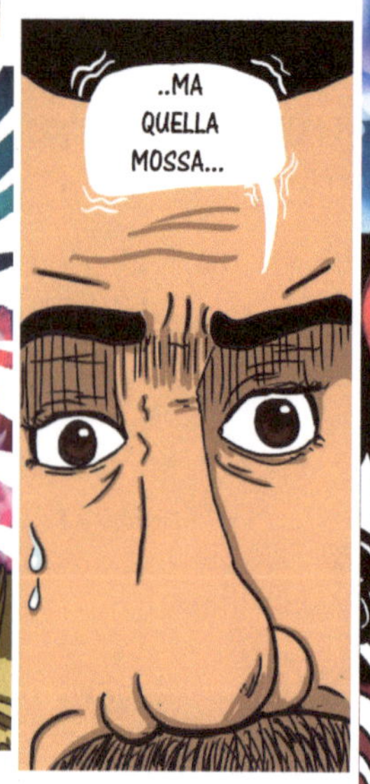

..MA QUELLA MOSSA...

SNAP

EPSON
PLUFF!
EHY!! PADRONCINO...

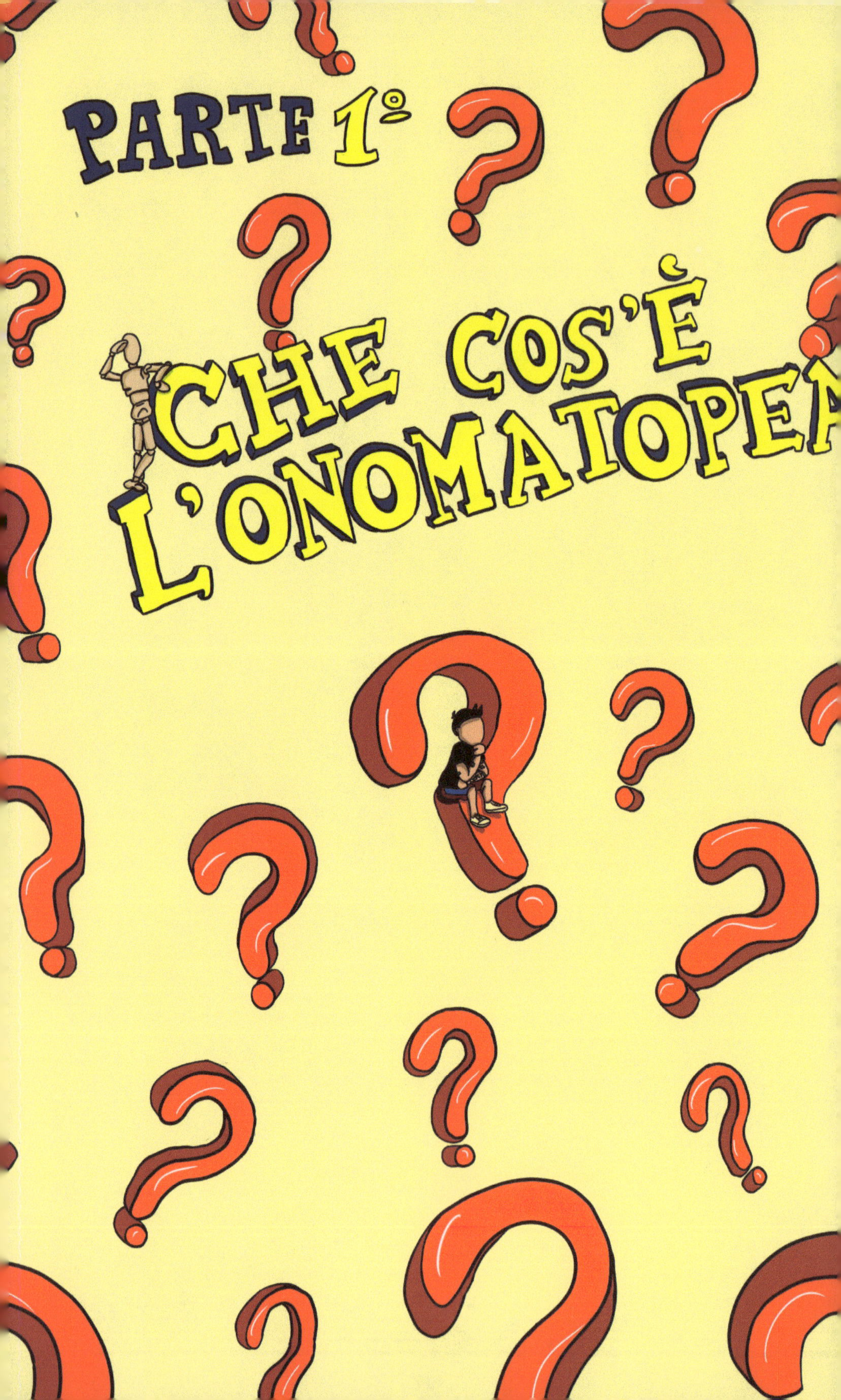

PARTE 1°
CHE COS'È L'ONOMATOPEA

MA CHE È
SUCCESSO?!
...
..MI GIRA
TUTTO...

MENNY?!
IN PERSONA!
MA TI SEI INGRANDITO...
..?!

DAI SU PADRONCINO NON SONO IO...
CLAP

..A ESSERMI INGRANDITO MA LEI A ESSERSI RIMPICCIOLITO...
..ORA LE SPIEGO MEGLIO...

ORA BASTA!

PADRONCINO MI PROMETTA CHE NON PERDERÀ LA TESTA...
UFF

CEEEERTO...!

VA BENE...??
..HO DETTO SIII!

SICURO?!
YEESS!

MH?
SENZA GIRI DI PAROLE CI SIAMO TELETRASPORTATI NEL TUO SKETCHBOOK...

TSK!
..TRASFORMANDOCI IN 2D...E ORA POSSIAMO ESSERE E FARE CIÒ CHE DESIDERIAMO...

..COME E QUANDO VOGLIAMO...
..COME NEI CARTONI ANIMATI...

ECCO!
LO SAPEVO
È ANDATO FUORI
DI TESTA...
BOP!
AHAHAHAHAH
I SURVIVED
THE SNAP
AHAHAHAHAHA
I SURVIVED
THE SNAP
PADRONCINO SI FERMI...
..CALMATEVI...
..COME FINIREMO
IL GLOSSARIO
TORNERÀ TUTTO
ALLA NORMALITÀ...
VABBÈ...
..QUANDO SI
STANCHERÀ
POTREMO INIZIARE.
AHAHAHA
SNAP
DAM
DAM
DAM
DAM
PERFETTE!!!
OOOOPLA'!!
PAK
BLIN
BLIN
AHAHAH
OH!
È ARRIVATO...
AAAAAAAH
AAAAAAAH
zalando
TADAA

..LE JORDAN?!
I SURVI
CE L'ABBIAMO FATTA! IL MOMENTO FOLLIA È TERMINATO...
STUMP
A-H-I-O!
I SURVIVED
ORA CHE HAI FINITO POSSIAMO INIZIARE?!
B-SI...
ALLORA RAGAZZI ORA ANDREMO A SPIEGARE COS'È UN ONOMA...
..CHE C'È RAGAZZI?
•••
IL PADRONCINO È STRANO !?
..VADO A VEDERE COS'HAI COSÌ CONTINUIAMO.
PADRONCINO CHE SUCCEDE??
LE TUE SCARPE SONO BELLISSIME!
..E POI LA MIA MAGLIETTA È ROVINATA.
PADRONCINO TUTTO QUESTO ERAI?...POTEVATE DIRLO SUBITO!
?!
PUÒ BASTARE COSÌ...

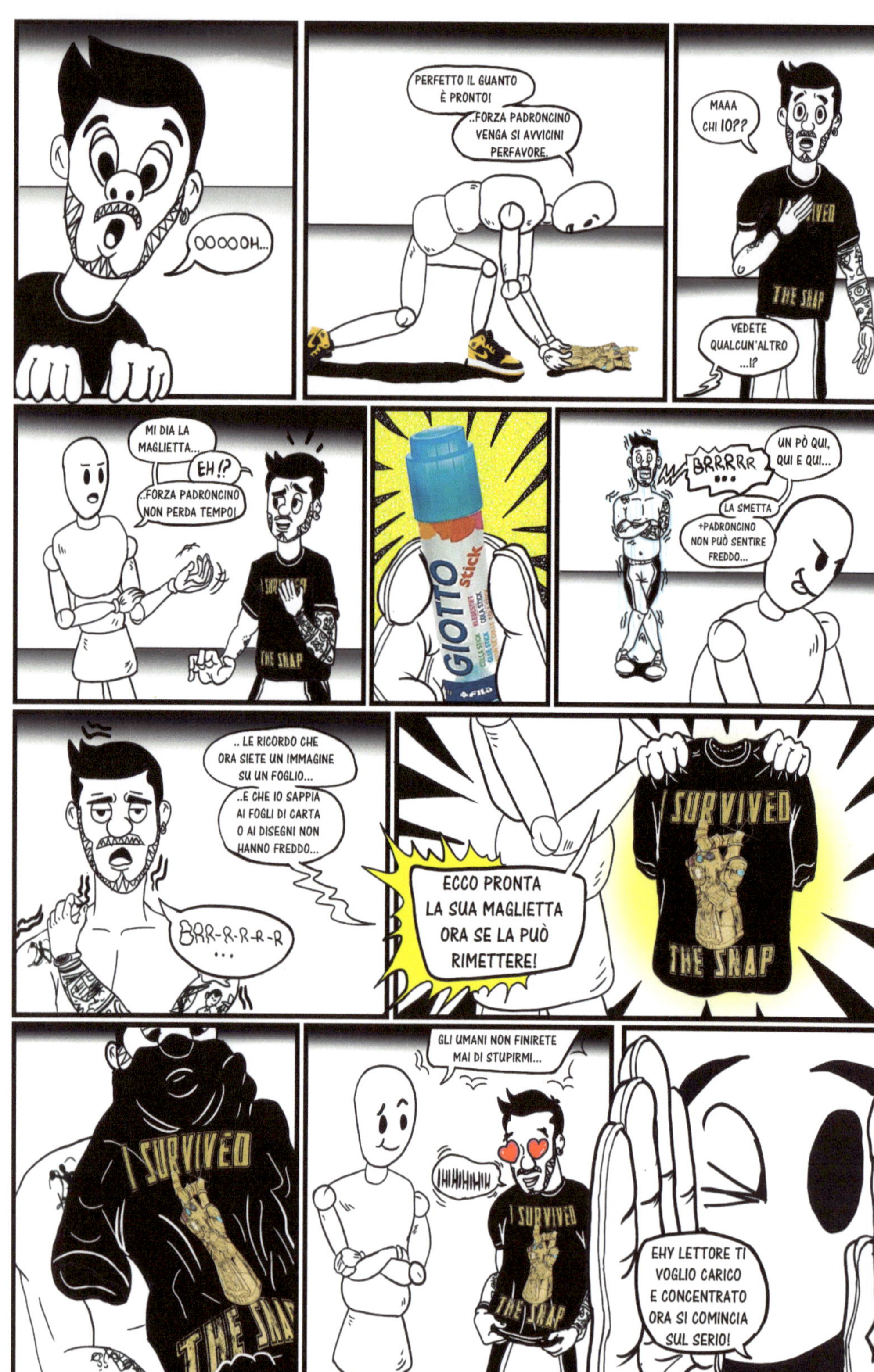

OOOOOH...
PERFETTO IL GUANTO È PRONTO!
..FORZA PADRONCINO VENGA SI AVVICINI PERFAVORE.
MAAA CHI IO??
VEDETE QUALCUN'ALTRO ...!?
MI DIA LA MAGLIETTA...
EH!?
..FORZA PADRONCINO NON PERDA TEMPO!
GIOTTO stick
BRRRRR ...
UN PÒ QUI, QUI E QUI...
LA SMETTA +PADRONCINO NON PUÒ SENTIRE FREDDO...
.. LE RICORDO CHE ORA SIETE UN IMMAGINE SU UN FOGLIO...
..E CHE IO SAPPIA AI FOGLI DI CARTA O AI DISEGNI NON HANNO FREDDO...
BRR-R-R-R-R ...
ECCO PRONTA LA SUA MAGLIETTA ORA SE LA PUÒ RIMETTERE!
I SURVIVED THE SNAP
I SURVIVED THE SNAP
GLI UMANI NON FINIRETE MAI DI STUPIRMI...
IHIHIHIHIH
I SURVIVED THE SNAP
EHY LETTORE TI VOGLIO CARICO E CONCENTRATO ORA SI COMINCIA SUL SERIO!

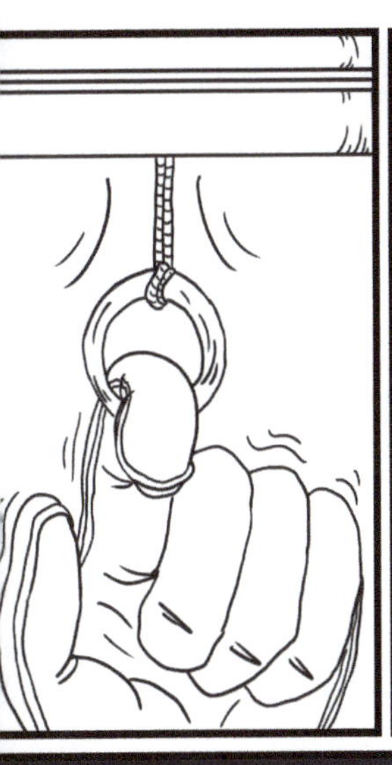

L'ONOMATOPEA È UNA FIGURA RETORICA CHE RIPRODUCE ATTRAVERSO I SUONI LINGUISTICI DI UNA DETERMINATA LINGUA IL RUMORE O IL SUONO ASSOCIATO A UN OGGETO O A UN SOGGETTO A CUI VUOLE FARE RIFERIMENTO MEDIANTE UN PROCEDIMENTO ICONICO TIPICO DEL FONOSIMBOLISMO...
ONOMATOPEA

..NE SONO ESEMPI GRACCHIARE STRISCIARE BISBIGLIO RIMBOMBO E COSÌ VIA...
..MMMH OK!
..MMMH OK!
..MMMH OK!

..ALCUNI VERSI DI ANIMALI DIVENTATI PAROLE COME BAU-BAU DEL CANE IL MIAO DEL GATTO O IL PIO-PIO DEL PULCINO...
..QUINDI RAGAZZI COME INDICATO DALL'ETIMOLOGIA DEL TERMINE ONOMATOPEA È "CREAZIONE DI NOME"

..LO STUDIOSO FERDINAND DE SAUSSURE LINGUISTA E SEMIOLOGO...
..NE APPROFONDISCE IL CONCETTO...

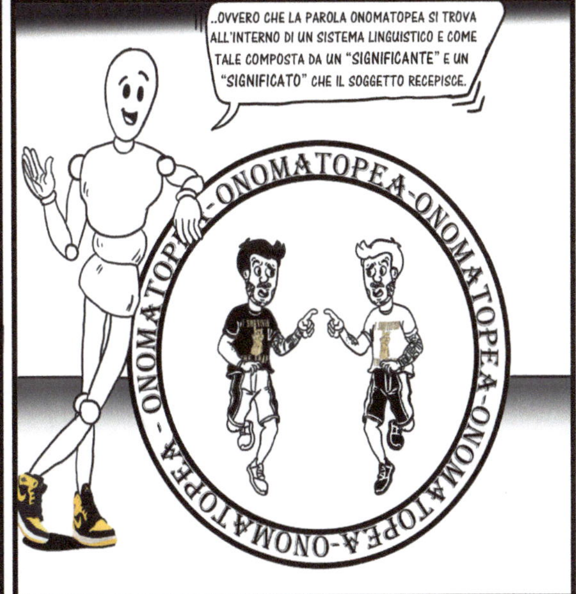

..OVVERO CHE LA PAROLA ONOMATOPEA SI TROVA ALL'INTERNO DI UN SISTEMA LINGUISTICO E COME TALE COMPOSTA DA UN "SIGNIFICANTE" E UN "SIGNIFICATO" CHE IL SOGGETTO RECEPISCE.
ONOMATOPEA-ONOMATOPEA-ONOMATOPEA-ONO-ONOMATOPEA-ONOMATOPEA-ONOMATOPEA

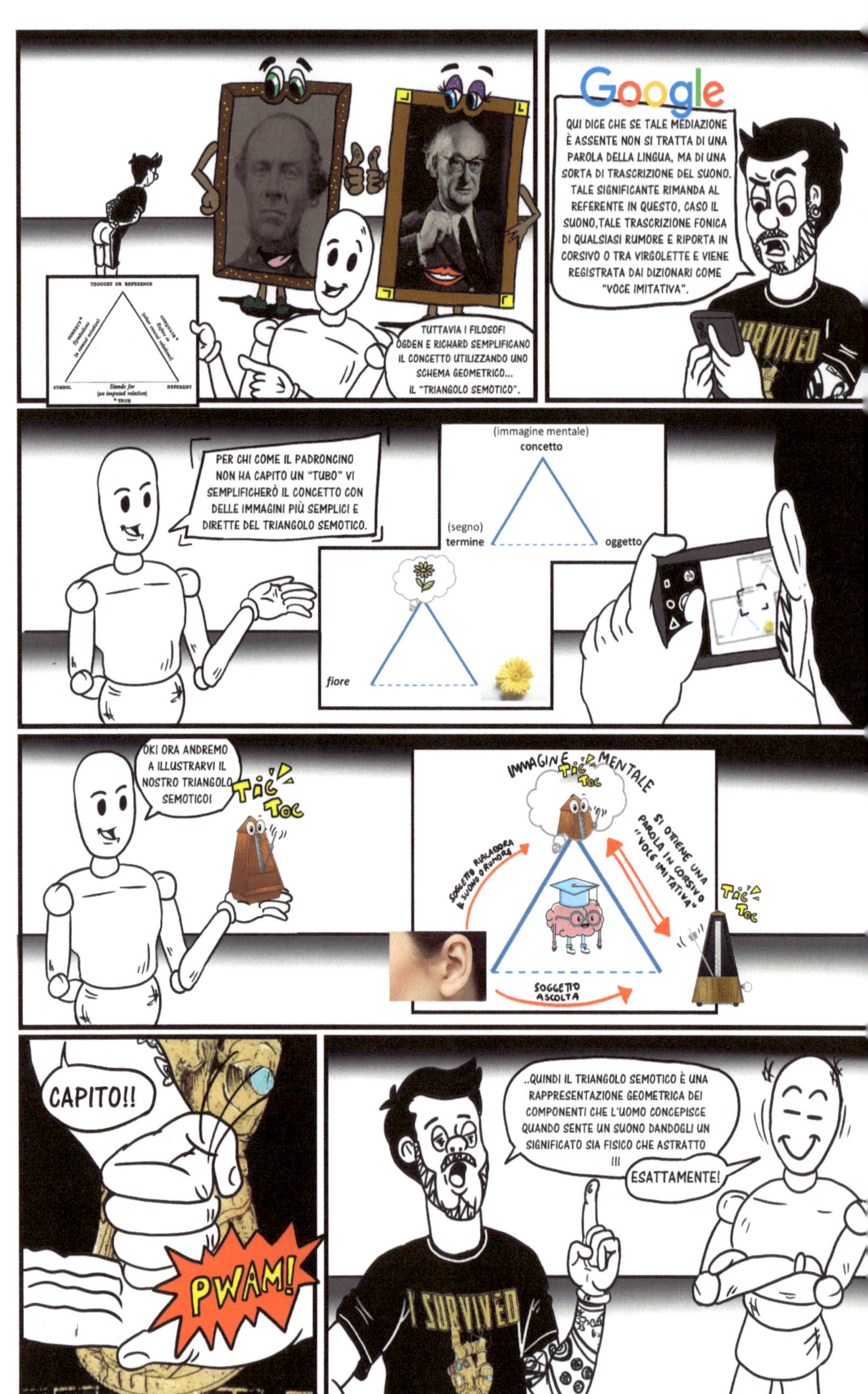
Google
QUI DICE CHE SE TALE MEDIAZIONE È ASSENTE NON SI TRATTA DI UNA PAROLA DELLA LINGUA, MA DI UNA SORTA DI TRASCRIZIONE DEL SUONO. TALE SIGNIFICANTE RIMANDA AL REFERENTE IN QUESTO, CASO IL SUONO, TALE TRASCRIZIONE FONICA DI QUALSIASI RUMORE E RIPORTA IN CORSIVO O TRA VIRGOLETTE E VIENE REGISTRATA DAI DIZIONARI COME "VOCE IMITATIVA".
TUTTAVIA I FILOSOFI OGDEN E RICHARD SEMPLIFICANO IL CONCETTO UTILIZZANDO UNO SCHEMA GEOMETRICO... IL "TRIANGOLO SEMOTICO".
THOUGHT OR REFERENCE
SYMBOL
REFERENT
Stands for
(an implied relation)
* TRUE
PER CHI COME IL PADRONCINO NON HA CAPITO UN "TUBO" VI SEMPLIFICHERÒ IL CONCETTO CON DELLE IMMAGINI PIÙ SEMPLICI E DIRETTE DEL TRIANGOLO SEMOTICO.
(immagine mentale)
concetto
(segno)
termine
oggetto
fiore
OKI ORA ANDREMO A ILLUSTRARVI IL NOSTRO TRIANGOLO SEMOTICO!
TIC TOC
IMMAGINE MENTALE
TIC TOC
SOGGETTO RIELABORA IL SUONO O RUMORE
SI OTTIENE UNA PAROLA IN CORSIVO "VOCE IMITATIVA"
TIC TOC
SOGGETTO ASCOLTA
CAPITO!!
PWAM!
..QUINDI IL TRIANGOLO SEMOTICO È UNA RAPPRESENTAZIONE GEOMETRICA DEI COMPONENTI CHE L'UOMO CONCEPISCE QUANDO SENTE UN SUONO DANDOGLI UN SIGNIFICATO SIA FISICO CHE ASTRATTO !!!
ESATTAMENTE!
I SURVIVED

ONOMATOPEA

2° parte..
..ANDREMO A VEDERE CHE LE ONOMATOPEE SI DIVIDONO IN PRIMARIE...
PER TUTTI I LETTORI CHE NON SI SONO ANNOIATI A STARE CON NOI INIZIEREMO CON LA SECONDA PARTE...
ONOMATOPEE PRIMARIE
ONOMATOPEE PRIMARIE
ONOMATOPEE SECONDARIE
..E SECONDARIE.

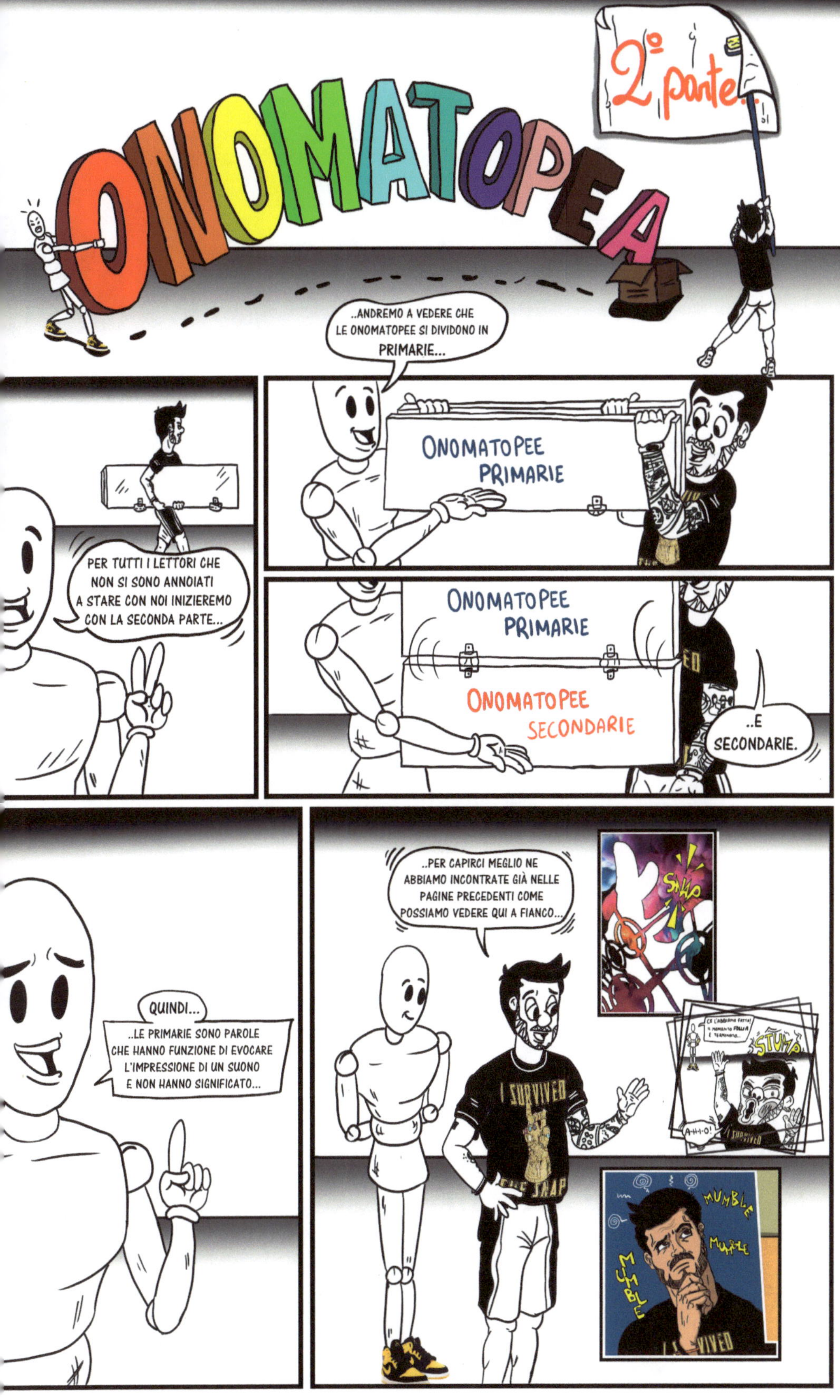

QUINDI...
..LE PRIMARIE SONO PAROLE CHE HANNO FUNZIONE DI EVOCARE L'IMPRESSIONE DI UN SUONO E NON HANNO SIGNIFICATO...

..PER CAPIRCI MEGLIO NE ABBIAMO INCONTRATE GIÀ NELLE PAGINE PRECEDENTI COME POSSIAMO VEDERE QUI A FIANCO...
SNAP
STUMP
MUMBLE
MUMBLE
MUMBLE

PEREPEPE
FREPE
MA ANCHE RUMORI TIPICI DI OGGETTI O AZIONI COME IL "PEREPEPE" DELLA TROMBA...
..OPPURE ANCHE IL...
IHIHIH
SPRIZ
FRRRR
BOING! BOING! BOING!
HAAAA A
IHIHIH
BOOM!
AHAHAHA
PADRONCINO MI AVETE FATTO PRENDERE UN ACCIDENTE !!!
I SURVIVED THE SNAP
MA STATE SERENO LA VENDETTA È UN PIATTO CHE VA SERVITO FREDDO!
TSK!
..COMUNQUE STAVAMO DICENDO COME ANCHE IL "BOOM" DELLA DEFLAGRAZIONE...
I SURVIVED THE SNAP

INVECE LE ONOMATOPEE SECONDARIE O ARTIFICIALI SONO PAROLE CHE HANNO UN PARTICOLARE SIGNIFICATO...
..UN ESEMPIO SONO QUEI TERMINI CHE INDICANO IL MANIFESTARSI DI UN SUONO...
..UN ATTIMO RAGAZZI...
..MENNY!? CHE STAI FACENDO..?
MA DOVE SARÀ FINITO...?!
ECCOLO!
OPPLÀ
FWD!
..COME DICEVA PRIMA IL MIO PADRONCINO I TERMINI INTESI COME MIAGOLARE, ABBAIARE...
..OPPURE ANCORA IL TACCHETTIO O RIMBOMBARE...
GASP..!
TIC
OOOOOH! OOOH! CADO CADO OOH, OOOOH!
MIAO!!
RIMBOMBAREEEEE!

ATTENZIONE!!
REGAZZI L'ULTIMA CARATTERISTICA DELL'ONOMATOPEA DA NON SOTTOVALUTARE SOLTANTO PERCHÈ DETTA PER ULTIMA...
..PER PRIMA COSA LE ONOMATOPEE PIÙ COMUNI TENENDO A CONSALIDARSI IN UNA LINGUA...
..TALVOLTA VENENDO REGISTRATE DAI DIZIONARI ACQUISENDO ANCHE UNA FORMA SCRITTA BEN PRECISA...
lo Zingarelli
Vocabolario della lingua Italiana
RICONOSCIUTA PIÙ O MENO DA TUTI I PARLAN-T-I-I-I-I-I...
TUTTAVIA LE ONOMATOPEE POSSONO VARIARE DA LINGUA A LINGUA ANCHE DI MOLTO...
..PUR PRENDENDO SPUNTO DAL MEDESIMO SUONO.
LA MIA POVERA SCHIENA...
..COMUNQUEO.
..VI FAREMO DEGLI ESEMPI PER CAPIRE MEGLIO QUEST ULTIMA DEFINIZIONE ...
L'ONOMATOPEA ITALIANA CHIRICHI!!...
..CORRISPONDE...
..ALL'INGLESE COCK-A-DOO-DEE!!
OPPURE IL WAF-WAF!! AMERICANO...
..DIVENTA IL BAU-BAU! ITALIANO.

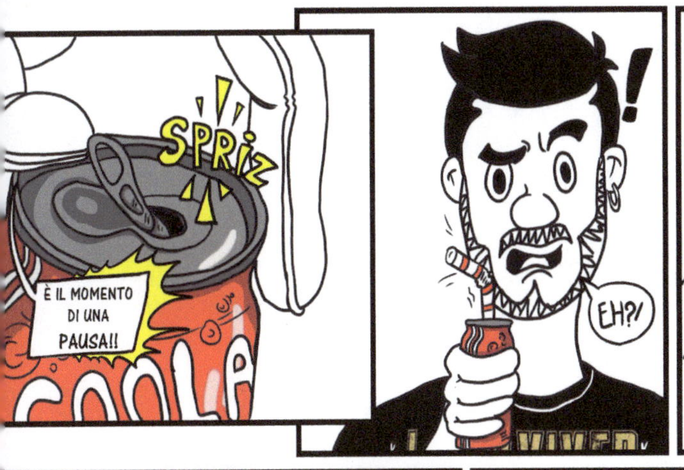

SPRIZ
È IL MOMENTO DI UNA PAUSA!!
COOLA
EH?!

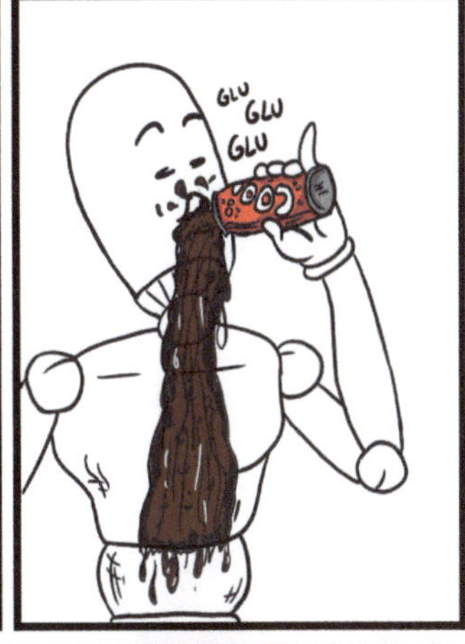

GLU GLU GLU

MENNY!!?
MA CHE COMBINI NON HAI MIVA LA BOCCA...
..GUARDA CHE SCHIFO CHE HAI COMBINATO...
OH!
..CHE DISASTRO TRANQUILLO PADRONCINO RIMEDIERÒ SUBITO...

EHY CARO COME VA?
OOH MENNY TUTTO BENE E TU?
BENE BENE COMUNQUE AUSTIN HO COMBINATO UN CASINO HO BISOGNO DEL TUO AIUTO POTRESTI RAGGIUNGERMI...
CERTO! NON C'È NESSUN PROBLEMA DAMMI UN PAIO DI SECONDIE SARÒ LII!
PERFETTO!

PUF
PUF
PUF
PUF
PUF
CCOLO! PADRONCINO PRESENTO AUSTINI
A-U-S-T-I-N ???

AUSTIN PERDONAMI PER AVERTI DISTURBATO DALLE TUE FACCENDE...
NON PREOCCUPARTI HO SEMPRE TEMPO PER GLI AMICI...MA ORA DIMMI COS'È SUCCESSO...
..HO SPORCATO IL PAVIMENTO DEL FUMETTO DI COOLA POTRESTI PENSARCI TU...
..MA CERTO FAMMI VEDERE DOV'È!
QUESTO AUSTIN LO GIÀ VISTO DA QUALCHE PARTE MA DOVE...??

ECCO AUSTIN! LA POZZANGHERA DI COOLA...
TRANQUILLO MENNY HO SISTEMATO COSE PEGGIORI...

1 065 272 018
BEN FATTO!
WAOW!
91
3g 15h

MENNY QUI HO FINIRO!
OTTIMO COME A SEMPRE AUSTIN...
..NON AVEVO DUBBI!!
TA-DA!
MAH MENNY! MA COME?! MA SOPRATUTTO... ..DA DOVE LI HA TIRATI FUORI LI ARNESI..??!
..CHE VI IMPORTA PADRONCINO...
..L'IMPORTANTE CHE SIA TUTTO PULITO COSI...
I SURVIVED

ALLORA IO VADO RAGAZZI! A PRESTO!
PUFFF!

BENE RAGAZZI LA PAUSA È FINITA!! ORA SI PARTE...
CRICK CRICK
CRICK CRICK
CRICK CRICK

RAGAZZI DA QUI IN POI INIZIERÀ IL VERO E PROPRIO GLOSSARIO...
Glossario delle Onomatopee
- esclamazioni di un personaggio
- suoni prodotti dal corpo
- botti ed esplosioni
- suoni nell'ambiente circostante
- suoni sul combattimento
- suoni prodotti dalle vetture
..E RICORDAT CI POSSONO ES VARIE FORME SINGOLA ONOMA
BUONA RICERCA!!
I SURVIVED

WOW!
OOPS!!
GULP!
AAAAAH! UN TOPOLINO!
YES
oh!
OUCH!
WTF?!
GULP!
WOW!
OMG!
EH, EH!
YES
OUCH!
EHEHEHEHEHE!!
OOPS!!!
OMG!
WTF?!

Glossario sulle Onomatopee

ESCLAMAZIONI DI UN PERSONAGGIO

A	**AAAAH:** espressione di paura o di dolore (a causa p.es. di una ferita ma anche la richiesta di aiuto **AAARGH:** un grido molto forte di paura o di dolore **AHIO!:** caduta che ha provocato forte dolore **AI!:** grido di dolore **AUCH:** quando qualcuno si fa male
B	**BLA-BLA:** persone che parlano troppo **BLEEEEE!:** qualcosa di schifoso o di puzzolente **BRRR:** indica i brividi
E	**EH EH:** indica furbizia **EHI:** quando si vuole richiamare l'attenzione **EMM:** quando uno è perplesso
F	**FFFFF!:** segno di noia o di stanchezza
G	**GAAAAK:** urla di paura **GASP:** sorpresa sconfortante o comunque negativa **GNEK:** che schifo! **GRO:** quando uno è arrabbiato

G	**GRRR:** indica rabbia o nervosismo, contrarietà, ma anche un ruggito **GRUNT:** quando qualcuno brontola **GUAAAAHH:** qualcuno molto arrabbiato **GULP:** stupore ma anche preoccupazione, forte emozione
H	**HAHAHA:** risata malefica **HASH:** accidenti! **HIHIHIHIHI:** risata ingannevole
M	**MUMBLE MUMBLE:** l'azione del pensare, prima di prendere una decisione
O	**OPS, OOPS:** viene detto dopo aver combinato un guaio o dopo aver fatto un errore **ORGH:** indica sorpresa spiacevole
P	**PANT:** indica una qualunque fatica
S	**SHHH:** indica la richiesta di stare zitti **SIC:** uffa **SIGH:** l'azione del piangere o del singhiozzare o di una semplice tristezza **SOB:** una qualunque espressione di tristezza o di sconforto
T	**TSK:** bella roba!

U	**UHM:** indica un atteggiamento annoiato o pensieroso
	ULP: un'azione inaspettata, un evento imprevisto
W	**WOW:** espressione di meraviglia, in senso positivo
Y	**YAAH:** espressione di gioia
	YACHT: ridere ma anche sogghignare

MUNCH! GNAM!

SNIFF!

FINALMENTE! SLURP!

SMACK!

Glossario sulle Onomatopee

SUONI PRODOTTI DAL CORPO

B	**BOUNCE:** cadere da un ramo
C	**CLAP o CLAPS:** battere le mani o applaudire **COMP:** masticare qualcosa **COOOH:** l'atto del russare **CRICK-CROCK:** rottura di qualcosa o contusione di un arto
E	**ETCHI:** uno starnuto
F	**FIII o FIUUU:** un fischiettio o l'azione del fischiare in generale
G	**GLOM:** ingoiare qualcosa di piccante **GLU GLU:** l'azione del bere **GLUB:** ingoiare qualcosa **GNAM-GNAM:** masticare qualcosa o mangiare qualcosa di buono **GURGLE:** il brontolio dello stomaco, ma anche masticare qualcosa
H	**HIP:** l'azione del singhiozzare

P	**PATAPUM:** caduta di una persona **PAT PAT:** la "pacca sulle spalle" fatta in modo delicato, ad indicare consolazione, condivisione empatica, partecipazione **POCK:** due che si scontrano
R	**RON o RONF:** l'azione del russare
S	**SGLORB:** inghiottire bevande **SKIOC:** uno schiocco con le dita **SLURP:** risucchio **SMACK:** un bacio appassionato **SNIFF:** annusare qualcosa, ma anche una stiratina di sonno
W	**WANZ:** masticare qualcosa
Y	**YUM:** l'azione di mandare giù qualcosa per bocca

QUANTE VOLTE, DEMIAN...
ZWAMM!
SBRAAANNG
IL BAMBINO, BA
RAL! PRENDI
BAMBINO!
BLAM
BLAM
BANG
BANG
KB
BRATATATA TATAT
UNNGH!
AAH!

Glossario sulle Onomatopee

BOTTI ED ESPLOSIONI

B	**BANG:** un'arma che spara **BOOM o BAM:** uno scoppio o un'esplosione o un forte scontro **BUM:** lo sparo di una pistola
C	**CRABOOM:** una forte esplosione
F	**FRABOOM:** forte esplosione
P	**PAK:** indica uno scoppio, un botto **PIII BOM:** un petardo che scoppia
S	**SBRANGL:** sparo di un cannone **STONK:** indica una randellata **STUMP:** indica una pedata, una botta, uno scontro
T	**TUMBH:** indica uno scoppio, un botto **TUMP:** rumore sordo di uno che cade per terra
W	**WOOSH:** il rumore di una aspirapolvere o il lancio di un missile

Scratch!
Wiiiiz!
ZIP!
Pow!
Scroui
Chtlo
DING DONG
ATCHOUM
Schtak
Glou
Chpok
Spatch!
ouin!
BOUM
Zap
Chpok!
BANG!
Vlang !
Crack !
Pink!
Vlamm!
ZIP!
Chtlo
Paf
Pow! Scratch! Scroui!
!!!!
CLAP CLAP
Chic!
TIK
SPLONG
Chtlo
TUUUUT TUUUUT
Zap
DING
Bling
DONG
BANG!

Glossario sulle Onomatopee

SUONI NELL'AMBIENTE CIRCOSTANTE

B	**BLAM:** una porta che si apre all'improvviso **BLIN BLIN:** il suono di un campanello **BOING:** quando qualcosa cade o ci cade addosso o che salta
C	**CIAK:** schiacciare qualcosa (farlo col ciack da cinema) **CLICK:** aprire una qualunque serratura, accendere o spegnere la luce o il computer **CLUNK:** la chiusura veloce di una porta **CRAASHH:** la forchetta che stride sul piatto **CRACK:** la rottura di qualcosa **CRASH:** una qualunque rottura o spaccatura che determina il blocco dell'azione di uno strumento
D	**DAM:** quando compare improvvisamente un oggetto **DENG:** un suono metallico **DLEN:** il suono di una campana **DLIN DLON:** il suono del campanello **DON-DON:** il suono delle campane o del campanello di un castello **DOOM:** battiti di un tamburo **DRIN DRIN:** il suono del telefono **DRING o DRIIN:** una sveglia che suonaoggetto

F	**FRUSH:** il rumore delle foglie o quando si mescola qualcosa o quando si spazza **FSHH:** un colpo di frusta **FWWD:** un vento o un soffio passato in fretta
G	**GRUMPLE:** un cappello schiacciato
H	**HIII:** scricchiolio di una porta
K	**KLACK:** quando un oggetto sbatte o viene chiuso **KNOC:** bussare contro una porta **KRA-KOOM:** rumore di un tuono con fulmine
P	**PATACRASH:** molti oggetti che si rompono insieme **PLIN PLONG:** rimbalzo di una pallina **PLOOK:** qualcosa caduto per terra **PLUFF:** rumore di un tuffo **PLUNK:** schiacciare con gli zoccoli una borsa **POP:** stappare una bottiglia ma anche un cuore spezzato **PUF:** una qualunque trasformazione ma anche caduta di qualcuno o un tuffo
R	**RIIP:** strappare qualcosa (p.es. una busta) **RUMBLE:** un rumore forte (p.es. un tuono o una caduta massi) **RUSTLE:** il fruscio delle foglie

SBONG: pallone che arriva addosso a qualcuno e gli fa cadere qualcosa (dodge ball)

SCIAK: quando viene schiacciata una mosca

SCRASH: quando qualcosa si spacca

SCRICK: un qualunque rumore strano

SGZUM: un temporale con fulmini

SLAM: il rumore di una porta chiusa con violenza

SPLANF: una cosa caduta con un rumore strano

SPLASH: il rumore dell'acqua in generale (p.es. quando ci si tuffa o quando ci si tira dentro qualcosa o quando si passa sopra una pozzanghera)

SPLUTCH: palla di neve che colpisce un volto

SPLUT: sputare fuoco

STAF: sbattere contro un vetro

STAK: una cosa spezzata a metà

SVIIISH: scivolata nell'acqua

SWOOSH: il vento quando tira forte

THWIPP: Spiderman quando lancia le sue ragnatele

THWOK: sbattere una cosa contro un'altra

TIC TIC TIC: usare la tastiera di un computer

TOC TOC: bussare alla porta, oppure passi lenti e silenziosi

TRAKA TRAKA: il rumore del tagliaerba

TRISHH: rottura o caduta di qualcosa

W	**WAMPP:** quando brucia qualcosa
Y	**YAUK:** tirare una maniglia
Z	**ZAC o ZAK:** tagliare qualcosa **ZASH:** movimento velocissimo nell'aria **ZBAM:** qualsiasi cosa che sbatte **ZDAC:** fermare una pallottola coi denti **ZIP:** qualcosa che va veloce **ZOM:** tirare qualcosa **ZOOZOO:** grido di un mostro **ZOMP:** saltellare **ZZZZ...:** dormire profondamente, ma anche il rumore di una zanzara quando uno dorme o di un'ape che vola

DALL'ANTICO ORIENTE UN GUERRIERO SI INCAMMINÒ IN UNA TERRA LONTANA PER...
ZZZZZZ
...RAGGIUNGERE I SUOI DISCEPOLI COSÌ DA INSEGNARLI IL CONTROLLO DEL PROPRIO "CHIU"!!
...To be continued...

SOCK!
AH
TA
TA
TWNK!
MENNY
SKRAKUUM
...I'M BACK.
AA
AAGI
HHH

Glossario sulle Onomatopee

SUONI SUL COMBATTIMENTO

B	**BONK:** un pugno in faccia **BOP:** schiaffeggiare **BOPPITY:** schiaffeggiare
C	**CLACKITTY:** sbattere le spade tra loro in occasione di un duello
J	**JAB:** infilare un dito in un occhio
K	**KATUM:** calcio violento dato nel viso
P	**PWAM:** pugno in testa
S	**SBRANG:** quando alcuni si picchiano **SOCK:** uno schiaffo o un pugno
T	**THOK:** pugni battuti sul tavolo **THUD:** dare un colpo in faccia con un fucile **TWNK:** dare un pugno a qualcuno

NON POSSO! HO...
CI E' INCASTRATO!
VRRRRMMM
VROOOOOM!
AAH!
SKRUNCH!
AWAIT CLEAR
SPOT TWITTER
SKASH!!
VROOOOOM!
MA FATEVI 'NA SEGA! L'UOMO NON ASPETTA NESSUNO!
AAAH! CHE COSA FAI?
TI PO... DOVE L'ATMO... RA GIUS...
SCREEK
RIPORTATE IL RAGAZZINO A CASA, E ASSI-
CURATEVI CHE SUA MADRE SAPPIA CHE E'
SA COMBINAI LO SCOPPIO E' STATO PROVO-
CATO DA BOMB VOYAGE CHE E' RIUSCITO A
FILARSELA, GRAZIE A QUEL MOCCIOSO...
MI CHIAMO INCREDIBOY!
VROOOM!
SURVIVED

Glossario sulle Onomatopee

SUONI PRODOTTI DALLE VETTURE

B	**BIIIP o BEEP:** il suono del clacson di una macchina **BIP-BOP:** rumore di un'astronave **BRUM:** un camion che parte o una macchina veloce sul rettilineo
D	**DHDHDH:** accensione di un motore da corsa
R	**ROAR o ROOM:** una macchina in partenza o che sta andando
S	**SKREE o SKEEK o SCKREEECH:** frenare bruscamente con un qualunque veicolo
V	**VRA:** un'auto che sgomma, che parte veloce
W	**WROOM:** un qualunque mezzo che va ad alta velocità

..DIO DISSE KUNG..!!
..E KUNG FÚ!!
EHYLA RAGAZZI!! SONO ARRIVATO...
..FINALMENTE IL GUERRI DOPO UN LUNGO VIAGG RIUSCÌ AD RAGGGIUNGER
PADRONCINO GUARDI È ARRIVATO
FINALMENTE NON CI SPERAVO PIÙ...
ECCO IL VOSTRO PANDA DI VIGNETTA...
..ED OR
..ENTRATA AD EFFETTO
..SARRANNO PRONTI PER ESSERE DEGNI NEL...
FORZA RAGAZZI INIZIAMO CON GLI ESERCIZI PER IL "CHII"
OK!
SI MAESTRO DRAGONE!

GURGLU
COSA SUCCEDE?! IL TERREMOTO...
EH! EH!
TRANQUILLO MENNY ERA SOLO IL MIO PANCINO CHE BRONTOLA
RA~GA~SSI?!
CLAP CLAP
CLAP CLAP
PAK PAK
TRANQUILLO MAESTRO AL TUO "PANCINO" CI PENSA MENNY!
RAGASSI DOVFE STATE ANFANFO!!?
PADRONCINO ANDIAMO A MANGIARE QUALCOSA LEI CONTINUI COSÌ VA ALLA GRANDE!
NUN LASCHIATE~MI SQUI DA FOLO!!
ANTONIO-CHAN, VOI RICORDATE DI CONTROLLARE IL VOSTRO "CHII"!
RAGASSS
ZZZZZZ
TUMP!
COZÉ KUEFSTO FUMORRRE?!
IHIHIHIH...
DHNO!
SCIIIO...
SCIIO...

EH!
EH!
EHCHU!!
PATACRASH
MENNYYYY..!!

EHY LETTORE,
GRAZIE PER ESSERE ARRIVATO FINO A QUI INSIEME A ME ED AL MIO PADRONCINO...
..SPERO CHE SIAMO STATI ESAUSTIVI NEI VARI INTERVENTI, E DI NON ESSER CADUTI NELLA BANALITÀ...
..ORA INSIEME A QUESTO GLOSSARIO SULLE ONOMATOPEE SPERIAMO CHE ANCHE "TU" REALIZZERAI QUALCOSA DA FARCI LEGGERE...
..A PRESTO!

TESTI, ILLUSTRAZIONI & IMPOSTAZIONE GRAFICA
DI
ANTONIO PIRROTTA